DON DE DIOS La Eucaristía

GOD'S GIFT EUCHARIST

CURSOS DE PRIMARIA

para usarse en programas escolares y parroquiales

PRIMARY GRADES

for use in school and parish programs

LOYOLA PRESS.
UN MINISTERIO JESUITA
A JESUIT MINISTRY

Nihil Obstat
Reverend Louis J. Cameli, S.T.D.
Censor Deputatus
December 10, 2007

Imprimatur
Reverend John F. Canary, S.T.L., D.Min.
Vicar General, Archdiocese of Chicago
December 11, 2007

Reconocimientos

Cantos

"Somos familia" (página v). Texto y música por Lorenzo Florián. Copyright © 2004, World Library Publications, Franklin Park, IL. www.wlpmusic.com Todos los derechos reservados. Usado con permiso.

"Tu palabra es una lámpara" (página v) / "Your Word Is a Lamp." Texto inglés original y música por James V. Marchionda. Traducción al español por Peter M. Kolar. Copyright © 2004, 2007, World Library Publications, Franklin Park, IL. www.wlpmusic.com Todos los derechos reservados. Usado con permiso.

"Vamos ya" (página v) / "We Go Forth." Texto inglés original y música por James V. Marchionda. Traducción al español por Peter M. Kolar. Copyright © 2004, 2007, World Library Publications, Franklin Park, IL. www.wlpmusic.com Todos los derechos reservados. Usado con permiso.

Extractos tomados del *Misal Romano* © 2003 Obra Nacional de la Buena Prensa, A.C., Conferencia del Episcopado Mexicano. Todos los derechos reservados.

Loyola Press ha hecho todos los intentos posibles por localizar a los propietarios de los derechos de autor de las obras citadas en el presente trabajo a fin de hacer un reconocimiento pleno de la autoría de su trabajo. En caso de alguna omisión, Loyola Press se complacerá en reconocer el crédito en las ediciones futuras.

Acknowledgments

Songs

"Children of the Lord" (page v). Text and music by James V. Marchionda. Copyright © 1986, World Library Publications, Franklin Park, IL. www.wlpmusic.com. All rights reserved. Used by permission.

"Your Word Is a Lamp" (page v). Text and music by James V. Marchionda. Copyright © 2004, World Library Publications, Franklin Park, IL. www.wlpmusic.com. All rights reserved. Used by permission.

"We Go Forth" (page v). Text and music by James V. Marchionda. Copyright © 2004, World Library Publications, Franklin Park, IL. www.wlpmusic.com. All rights reserved. Used by permission.

Excerpts from the English translation of *The Roman Missal* © 2010, International Commission on English in the Liturgy Corporation. All rights reserved.

Loyola Press has made every effort to locate the copyright holders for the cited works used in this publication and to make full acknowledgment for their use. In the case of any omissions, the publisher will be pleased to make suitable acknowledgments in future editions.

Traducción y adaptación/Translation and adaptation: Miguel Arias y Santiago Cortés-Sjöberg/Loyola Press

Diseño interior/Interior design: Kathy Greenholdt/Loyola Press, Think Design

Diseño de portada/Cover art: Susan Tolonen

Ilustración de portada/Cover design: Think Design, Loyola Press

Directora artística/Art Director: Judine O'Shea/Loyola Press

En conformidad con el Catecismo

El Subcomité para el Catecismo de la Conferencia de Obispos Católicos de los Estados Unidos consideró que este texto, copyright 2009, está en conformidad con el *Catecismo de la Iglesia Católica*; podrá ser usado únicamente como complemento a otros textos catequéticos básicos.

Found to be in conformity

The Subcommittee on the Catechism, United States Conference of Catholic Bishops, has found this text, copyright 2009, to be in conformity with the *Catechism of the Catholic Church*; it may be used only as supplemental to other basal catechetical texts.

ISBN-10: 0-8294-2671-X, ISBN-13: 978-0-8294-2671-7

Copyright © 2009 Loyola Press

LOYOLAPRESS.
UN MINISTERIO JESUITA
A JESUIT MINISTRY

3441 N. Ashland Avenue
Chicago, Illinois 60657
(800) 621-1008
www.loyolapress.com

14 15 16 Web 10 9 8 7